AF392491

SIMPLESMENTE METÁFORAS

Giordano Salustiano Batista

1ª edição

Teresina
2018

Capa e imagens (exceto flor de lótus): do autor.

1ª edição, setembro de 2018.

E-mail: giorsalust@gmail.com

Facebook: facebook.com/selosincronicidade/

Instagram: instagram.com/selosincronicidade/

Dados Internacionais de Catalogação na Publicação (CIP)

B333s Batista, Giordano Salustiano, 1979 –
        Simplesmente metáforas / Giordano Salustiano
Batista. – Teresina: Ed. do autor, 2018. 138 p. : il.

ISBN 978-85-60212-22-4

        1. Literatura. 2. Poesia brasileira
        I. Título

                              CDD: B896.1
                              CDU: 821.134.3(81)

Sumário

Prefácio 15

Assim te vejo...17

Grandes pássaros...18

Limonada sulfurosa..20

Podres lembranças...22

Timoneiro..24

Incompletude...26

Puro minuto...27

Feira de flores..29

Espero..30

Flor nova das manhãs...31

Pequenor...32

Amargor 33

Teu cenho circunflexo..35

Quadro de um homem triste.....................................36

O poeta náufrago...38

Doce engano...40

Concordância 41

Teus nãos..42

Querendo 47

Confuso 48

Meu olhar às cujubeiras 49

Inspire-se! 50

Meu rio feminino 51

En(contrastes)...52

Teus signos esféricos 53

Os demais objetos 54

Pão e poesia..55

Ingênuos 56

Contornos 58

Teu olhar de polícia..60

Parados!...61

O urubu me espanta...63

Teu olhar agudo 64

Uma dose de metáfora.......................................65

Poema estorvo 67

Por teus beijos 68

Um vício...73

Anel de noivado 75

P.F. (poema feito) à la Bandeira 77

Carta-Bomba-Relógio-Testamento 78

Vi meu coração bater 79

Por enquanto 80

Fugindo dos baleeiros 81

Só quero um voo 83

Sob um véu de organza 85

À moça do bolo frito 86

Theresina 88

O andarilho 90

Te sinto pra sempre agora! 91

Incógnita 92

Rosângela 93

Passos cansados 94

Sílabas 95

Oposto 96

Considerações sobre a metáfora 97

Assombros 98

Presente 100

Esperava colher os dias 101

O que dirás dos teus segredos? 102

Um 103

A essência saciará 104

Ascensão 105

Pedido...107

Abstração 108

Por entre as horas do dia 115

De um dia para outro...116

Uníssona unicidade 117

Infinitude...118

À celeste abóboda anil 120

Os vértices convergentes do hexágono 121

Tudo em um 123

Inquieto 125

Quarenta anos...126

Dia de renascer...127

Sobre o autor 133

À

ideia de encontrar o fio que passa por dentro

de todas as contas de colar do Universo.

"É no universo linguístico que o vocábulo vira bálsamo ou ferida".

- Jeane Melo

Prefácio

Simplesmente metáforas é o primeiro livro publicado pelo autor. Trabalho de produção independente, a obra reúne poemas escritos desde a época inicial de sua juventude, cujas linhas exprimem uma poesia intimista, ora com traços de lirismo romântico, ora com rebeldia, expressando sentimentos inerentes a diferentes fases da vida.

Através de seu estilo, o autor emerge sua subjetividade, levando à tona, por meio de rimas internas, expressões sinestésicas, jogo de palavras e aliterações, temas universais da natureza humana, como o amor, o romantismo e a transcendentalidade, numa escrita contemporânea.

A obra provoca, convida ou convoca o leitor à reflexão introspectiva acerca do fulgor crepitante que se acha no âmago da humanidade desde tempos imemoráveis.

Seus versos, rimados ou brancos, incitam rebeldemente à busca da origem da essência que impõe ritmo e movimento à nossa caminhada nesta existência. Assim, seguramente, a leitura atenta a esses poemas desvelará significados e representações de bálsamo ou ferida.

Teresina, setembro/2018.

ASSIM TE VEJO

Mais que simplesmente sombras
Mesmo fatalmente sobras
Meras e indubitáveis obras

Visões de paisagens tórridas...

Assim eu te vejo
Assim me escondo
Assim me assombras

Menos insuportáveis cólicas
Miragens próprias do desejo
Que infelizmente me cobras

Amor de inflamável estrondo

Cálice febril de um beijo
Ou gozo estrábico e zonzo.

GRANDES PÁSSAROS

Era um útero grávido,
Prenhe de adjetivos,
Um céu pontilhado
De chamados altivos.

Não havia nuvens,
Eram mesmo lágrimas...

De lá se ouvia
Sinos e passos;
Sinos de sépalas
E passos descalços n'areia.

Era um úbere cálido
E farto lácteo cativo,
Um mar salpicado
De um azul tão vivo.

De lá se via
Grandes pássaros

Negros e brancos
Rodopiarem na quentura
Das correntes ascendentes.

E chuviscavam luzes
Em áreas tão áridas...

Era um único círculo ávido,
Excêntrico sonho figurativo,
O olhar dum luar impávido
E seu alívio convidativo.

LIMONADA SULFUROSA

É chegada a hora...
Mais um trago na dose diária
De acidez: Queima na alma,
Reina de vez.

E por que apagam a luz
E me ofertam um torrão de enxofre
Quando procuro pipiras azuis?

Para que, quando grande
É a sede que dá o sal de meio-dia,
Dão-me limonada pra azia?

Em todo tempo,
O tempo todo,
Fico a ouvir o que me dizem:

"Beba tudo! Tampa o nariz
e não faça careta!"
Mas porventura não sabem

que seus limões têm
gosto de malagueta?

PODRES LEMBRANÇAS

Suas regras arbitrárias
Tentam manipular meu jogo.
Sempre errei na atuação
Dessa representação.

Venho de antigamente,
Sob o grito de uma garganta
Que corta a noite como uma chuva
De estrelas cadentes.

Não sei se tive medo,
Pois se apodreceram
Minhas memórias
De nenhuma vitória.

Assim canto o fracasso.
Assim rio do carrasco;
Ainda assim estou vivo,
Mas não sei o que faço.

Quero mesmo esquecer
Forçadamente
Todos os fonemas do ato.

Quero apenas reler
Nossos velhos diálogos
Escritos num poema sensato.

TIMONEIRO

Sopra forte o vento

E sopra para todos os lados.

Para aonde então

Apontar as velas

E girar o timão

Para se chegar à outra margem?

"Coragem!" Sabes que é longa a viagem

no olho do remoinho.

E o que fazes

No meio de encruzilhadas

Em cada passo

De quem perde o caminho?

Apagando o farol,

Acender-se-ão teu desespero

E teu medo.

E és tu quem perde

Nos dias sem sol

Na batalha entre

As ondas e o rochedo.

Daqueles que ficam, os teus companheiros,

Receba-lhes o adeus,

Ao toque do sino,

No meio da marcha,

Pois já te chama, timoneiro,

Aquele que espalhou teu destino.

INCOMPLETUDE

Todo Raimundo é Nonato
E todo Chico é Francisco.
Aqui todo branco é mulato
E o mulherio é um risco.

Toda Carol é Carolina.
Todo pleonasmo é vicioso,
Mas nem toda libélula é catirina
Nem todo doce de coco é gostoso.

Programo com gírias e metaplasmos
A minha linguagem de máquina;
Sei que simulas espasmos,
Mas finjo não saber tua tática.

Todo poema é incompleto,
Toda proparoxítona é monossílaba
E toda lei quer um veto
Que diferencie labigó de briba.

PURO MINUTO

Como quem flui
pelo vento quente
do meio-dia,
divaguei por nuvens
frondosas, esparsas
e mais altas
que a grande maioria.

Ignorava meu destino
e o caminho da origem;
sentia apenas um sopro
ascendente que a seu
bel-prazer me conduzia.

Tolheu-me as pernas,
inebriou-me; varreu
por algum momento
minha lembrança vazia.

Perdi-me num lugar comum

pelo instante

de um puro minuto

em que o golpe

do teu olhar me atingia.

FEIRA DE FLORES

Fogo através da noite. Fogo
Nos céus nebulados, fados.
Quebram-se gravetos, feitos
Nas caatingas e nos bosques.

Quebra-se um mundo, imundo.
Azar... só resta um pouco
De querosene na lamparina
E não adianta chorar.

O pé no apertado sapato, fato,
Coça e quer andar, no mar.
Deixa a insônia do Atacama

E da Patagônia e vai dos muros
Formais às cheirosas feiras de flores
Destilar-te os amores numa cama.

ESPERO

Há muito espero
Um raio de sol...
Não vivo, lucifero,
Se viver é amanhecer.

Onde anda Belzebu
E o arcanjo Miguel?
Faz-me falta um paiol
De armas doces e de fel.

Ofereço-te umas doses,
Companheiro combatente,
Em memória dos fracassos,

Das chagas e necroses
Em nossos calcanhares
E no bucho descrente.

FLOR NOVA DAS MANHÃS

Flor nova das manhãs.

Flor de delírios noturnos,

Febris.

Ao vendaval, no cais

Perambulo olhando-a

Ao longe, mais e mais,

Seguir à toa

A bordo duma garrafa

Jogada ao mar.

PEQUENOR

Curta é a noite
Se temos sono.
Mil vezes direi não,
Ainda que eu fique
Calado feito o silêncio
De uma arma branca.

AMARGOR

E veio assim
Meio sem lógica,
Mas germinou.

Parecia ter raízes profundas.
Cresceu, cresceu...
Sua sombra nos acalentou.

Em seus galhos nos balançamos;
De seus frutos provamos,
De suas flores cheiramos

E até desenhamos
Em seu corpo,
Com algo cortante,
O símbolo dum sentimento:
Dois corações.

E foi assim, tudo na primeira pessoa do plural:
Nós, nós, somente nós!

Mas, se foi assim
Meio sem lógica
E feneceu.

Murchou, murchou...

Sob o sol tão quente
Cada um é cada um,
Pro seu lado amargor.
Do que era tanto amar,
Restou apenas a dor.

TEU CENHO CIRCUNFLEXO

Fiquei aqui parado
Ao divisar assim calado
Teu cenho circunflexo.

Te falei em língua materna
Do vício da rima interna,
Na falha dum amor complexo.

E me falas
Duma profunda estranheza
Tremular-te o lago da incerteza
Na superfície do meu reflexo.

Mas nunca ouviste
As três ou quatro palavras
Afloradas dos campos de lavras
No meu singular âmago perplexo...

QUADRO DE UM HOMEM TRISTE

Assim como todo poema

E todo pensamento,

Todo quadro é incompleto...

Eis um quadro

De um homem triste.

Sei que te chama a atenção

O sofrimento.

Eis um quadro de um homem

Triste à janela.

Falta-lhe uma xícara...

Se és comunista, pinta

Uma xícara vermelha;

Se não, pinta uma branca.

Assim como todo poema,

Todo pensamento e

Todo quadro,

As vidas são incompletas...

Mesmo numa canção de amor

Com seu acordes,

Usas as notas incertas...

36

Se és capitalista

Toca um mi;

Se não, toca um dó!

O POETA NÁUFRAGO

Arabescos da Arábia

E o grilo da noite

No adobe do muro.

Seios sonhados: cuestas.

Eis quem está bêbado,

O poeta náufrago.

Apoteose e solidão

No tombo do mar...

Eis a mais bonita

De beijos tão doces!

Ou beijos de terracota

Que se desmancham

Na escuridão de um naufrágio.

Sol cor de ocre na ribanceira,

Sol crepitante dos seus olhos

De ponte e ribanceira;

Trêmulos espelhos

Olhos d'água

Voos de libélulas

Para o fundo sufocante

Além do sufoco e da alegria.

Eis quem está bêbado,

O poeta náufrago.

E no silêncio que pulsa

Ainda bate seu coração por ti.

DOCE ENGANO

Sob o solo de vossas mentes,
Sobre o calo de nossas mortes,

Ideias moribundas e insanas
Exalam pelo ar mercaptanas.

Verdade é um anagrama
Sem data ou idade,

Um verdadeiro disparate,
A doce metade que engana.

CONCORDÂNCIA

Nada poderia ser dito
sem o seu oposto.
Eu tenho medo,
pois o silêncio violenta.

Seria perfeito
havendo concordância
sem modificar a relação

ou se fôssemos simples
orações insubmissas à sintática
e não precisássemos recorrer
a um porvir pretérito.

A ti darei minha mão,
Tu que lambes os céus
de incontáveis estrelas geladas
e com tuas línguas
pronuncias inúmeras metáforas
indivisíveis do meu idioma.

TEUS NÃOS

Teus nãos doem menos

quando são pequenos.

Queria condensar

meus sentimentos

em um beijo

e te provar

todo meu desejo

numa forma concreta

além dos pensamentos

fugazes que vejo.

"Para nós, o mundo aparece e se traduz como linguagem".
- O que é Semiótica, L. Santaella

QUERENDO

Quero tua linguagem fática,
Quero tua língua flácida,
Quero tua gíria clássica.

Quero alçar-me num voo
Quando minto que não estou,
Sem saber o que sou.

Quero tua conotação tácita,
Pois apagarei a lâmpada...
Quero-te alfa, beta e lânguida.

CONFUSO

Para longe me leva

meu pensamento torto,

confuso entre a fragrante

essência do teu corpo.

Me leva além dos meus passos,

que se perdem aos poucos,

nas órbitas do teu olhar,

como se perdem os loucos.

MEU OLHAR ÀS CUJUBEIRAS

Encontrei-me sozinho
Após seguir teus passos
Pelos campos abertos.

Tua ausência lentamente
Tremeu-me o silêncio
E a medula espinhal.

Hoje o sol se pôs mais cedo
E o espírito das letras
Se enfraqueceu;

Hoje eu olho para trás
E não mais vejo a idade
Dos meus rastros sobre a terra.

Agora, e não hoje,
Sento-me olhando e olhando-me
As cujubeiras escandalosas.

INSPIRE-SE!

Inspire-se e atente
Para o roxo afluente das quaresmeiras
Ainda bem antes da primavera;

Ouça o sussurro dum sopro de vento,
Mesmo num céu cinzento, aquecer
A tarde, de cores quentes, à tua espera.

Sinta e saiba quem trouxe
Esse doce dia de hoje
Foi o mesmo a cri(ar-te) assim tão bela.

MEU RIO FEMININO

Vou falar o que ninguém sabia:

o meu rio é feminino,

isto é, o Parnaíba é mulher;

chora ela enquanto rio

do quadro que se pinta do seu destino.

EN(CONTRASTES)

Não me chame de poeta,
Amigo poeta dos conflitos,
Amigo do poeta dos prazeres;

Procuraste, mas não me en(contraste)...
Estive perdido entre os imensos
Substanciais substantivos;

Cavalgando em enxame
De extáticas palavras
Eólicas de um livro;

Fingindo, mas ouvindo o farfalhar
Fugido das longas saias brancas
Ou o crepitar cintilante dos bicos;

E beijei-lhe nos lábios próximos
Da própria paroxítona
Da língua sabor lixívia.

TEUS SIGNOS ESFÉRICOS

Também
Pousei de um longo voo
Ao avistar, decúbito,
Teus signos esféricos.

Então deitei
Por sobre a terra
Tão bem molhada
Em seu polígono pélvico.

E quis cantar
O que sonhara
À noite toda,
À tua espera.

Porém calei-me
Ao teu acalanto,
Chorei lembrando
O tempo ausente.

OS DEMAIS OBJETOS

O mundo hoje tem para mim

Vinte e seis anos de idade.

Sou eu suspeito

Se não me torno escuso

E indiferentemente confuso

Tão quanto esdrúxulo.

Vim só...

Sou mais um sem jeito e moribundo,

Oriundo dentre tantos desertos,

Sujeito ao olhar frontal

Dos demais objetos.

PÃO E POESIA

Pão e poesia

Para mim e para ti,

Lacônica ou incólume verborragia,

Nesta hora que devo partir.

Um poeta da noite pro dia,

Na ponta do sabre da paixão,

Torno-me gerúndio, maiúscula alegoria,

Ébrio deitado no chão.

Enchidos meus jacás

Com delírios frutos de estesia,

Fermento feito pro pão,

Queimo-me nesta epifania.

INGÊNUOS

Eles não previram

a marcha daqueles que criariam

o sinal de interrogação.

Tão sós, somente eles

sofrem de pontiagudas e

mal digeridas lembranças.

Eles, esses ingênuos teóricos,

também choram.

Suas lágrimas caem

das nuvens mais escuras.

Seus hálitos são frios

quando não se manifestam

no plural.

Quando amam ou odeiam,

ninguém bem sabe.

Suas valsas são para a morte e

seus olhares são esguios.

Eles não previram a marcha

daqueles que criariam

as enxadas e o arado

para o cultivo das sementes

do bem e do mal.

Não previram a marcha

daqueles que criam

os deuses que não preveem

a marcha dos homens.

CONTORNOS

Seguirei ao longo da costa,
Caminharei de pés no chão;
Darei minha última volta,
Mas tu, homem de pouca fé,
Tu farás a escansão
E dirás outras coisas.

E com a luneta em mãos,
Visarei horizontes longínquos,
Apontarei para uma estrela
Pendente, que do telhado
Sonho tê-la.
Mas tu, homem de pouca fé,
Tu farás a escansão
E dirás outras coisas.

Pego uma rajada de vento
Que enche de cisco meu olho,
Fico então quieto ao relento,
Feito crucificado silêncio.

Mas tu, homem de pouca fé,

Tu farás a escansão

E dirás outras coisas.

TEU OLHAR DE POLÍCIA

Teu olhar de polícia
Tem um ar de graça,
Gratuito feito
Um relógio de parede
Com algarismos romanos.

Teu olhar fronteiriço
Disputa inconsequente
Meu único torrão de terra.

Teu olhar faz caliça,
Projetando estilhaços,
Invadindo-me a divisa
Do espaço geográfico.

PARADOS!

Ponha suas mãos
Sobre a cabeça,
Sob a ameaça da farsa
Desta cidade.

Nós lhe pegamos
De súbito,
Em seus atos tímidos
E mudos;
Esparsos
Por serem avessos
Aos grandes cínicos
Desta cidade.

Ponha suas cabeças
Em nossas mãos,
Por terem os bolsos
Escassos;
Sejam então sempre
Solícitos e pacatos

Aos perversos

Desta cidade.

O URUBU ME ESPANTA

O urubu me espanta
Enquanto os restos soberbos cata,
Nesta Teresina que de santa
Não tem nada.

Uso minhas máscaras de assombro
E almíscares açucarados,
Para estar ombro a ombro
Aos demais mascarados.

Venho te encontrar nesta trijunção
Para te oferecer um poema apócrifo
Inspirado em nosso romance trágico,
Fruto de uma ilusão.

O urubu me espanta
Enquanto os restos soberbos cata,
Nesta Teresina que agora canta
Seus olhos verdes esbranquiçados de catarata.

TEU OLHAR AGUDO

Não sei o diz
O teu olhar.
Não sei lê-los
E nada entendo
Do significado
Da língua falada.
Mas sei o quanto
É agudo,
Pois me furou,
Sangrando-me.

UMA DOSE DE METÁFORA

Tomemos uma dose de metáfora
Nesta noite tão cálida
Aos eflúvios lunares de cânfora.

Tomemos um trem cheios de ânimo,
Libertos dessa nossa crisálida,
À fria sombra dos crisântemos.

Tomara que sejamos perfeitos,
Completos em nosso curso per capto;
Quem dera não fôssemos suspeitos
Da culpa de cada pecado.

Olhemos o azul esférico
Do céu sul-americano,
Sólido olhar intrépido
Além do mísero espaço plano.

Carece estarmos num mundo
De inúmeros verbos e nomes insólitos

Tomados a cada segundo.

Tomemos umas doze metáforas

No mar noturno de girassóis crisólitos,

Embarquemos, amigos, e puxemos as âncoras!

POEMA ESTORVO

Esporádicos espasmos,
Episódios escassos,
Periódicos fálicos,
Momentâneos esporros.
Eis os cacos da cata
Dum cacófato
Poema estorvo.

Sua cola esfola
O juízo pouco...

Seus lábios ácidos,
Sua obra lúcida,
Seu corpo láscido
De traço solto.
Eis as causas
Dum clássico
Poeta louco.

POR TEUS BEIJOS

Em tuas coxas me rosco,
em teus seios me arrisco
nessas formas concisas
de quase feitiço.

Calo os guizos
e te chamo de amiga...

Por teus beijos
me esforço
entre o choro
e o riso,
suspiro de vida
que vem sem aviso;
Tu bem sabes que gozo
e o teu colo me abriga.

"Onde quer que você esteja, esse é o seu ponto de partida".

- Kabir

UM VÍCIO

Existe um vício

Em teus

Espíritos paradoxais,

Verídico, irrefutável indício

Em tais

Circunscritos sonhos fatais.

Elide um risco

Quem toma

Por certo

Certos dados normais.

Agride implícito

De forma irracional,

Profundo fenômeno

Ilícito,

Impulso circunstancial.

Arrisque um míssil

ar—ar

Na plataforma básica

Do alvo antinatural

Em pleno solstício,

Um disparo preciso,

Um tiro convicto

Para a liberdade

De tua pátria mental.

ANEL DE NOIVADO

depois dum café

e meio cigarro

ante o cintilante lago

do parque,

no mundo sublunar

dos objetos graves,

quero-te oferecer

um anel de noivado.

deixemos nossas diferenças

de lado,

nossas preconceituosas críticas

de inconsistentes falácias,

aporias e questões metafísicas.

ah! minha meiga lavandeira

de mãos enrugadas,

intumescidas...

deixemos de lado

estes parcos centavos,

motivos de nossas brigas.

cheirosa lavanda,
a lua está posta
no céu estrelado,
pronta a dirimir
os nossos conflitos.

veja que faço
e ouça que digo:
abra tua porta,
sejamos amigos.
deixemos de lado...
verás que é fácil
não sermos aflitos,
é só me aceitar
este anel de noivado.

P.F. (poema feito) À LA BANDEIRA

A garçonet(a) me trouxe

O cardápio e logo interveio:

– Hoje temos salada de alface.

– Salada de alface? – perguntei curioso.

– Sim, senhor, Salada de alface – respondeu-me

pronta e delicadamente.

– Temperada com quê? – indaguei-lhe subitamente.

– Temperada com DicloroDifenilTolueno.

– DicloroDifenilTolueno?...

– DicloroDifenilTolueno sim, senhor;

mas se tiveres problema, trar-lhe-emos um Eno.

CARTA-BOMBA-RELÓGIO-TESTAMENTO

Crisólito, crisântemo, crisálida...
Quanto tempo, quanto tempo
Para finda desta noite tão cálida?

Ando com esse pressentimento
Presentemente em cada passo,
Pisado, passado a todo o momento.

Olhem as janelas abertas,
Olhem os trens, as pontes e as viagens;
Eis as estradas e suas ofertas.

Acheguem-se às nuvens estrondosas,
Cúmplices em meu esconderijo, anonimato
Destas terras hostis, arenosas.

Desfiro golpes, pois sou um lenhador
Com meus olhares, com meus ouvidos,
Com o sangue, com punho e minha dor.

VI MEU CORAÇÃO BATER

Feito dissidente, indeciso e meio trôpego;
Diante do penhasco, sinto medo de um salto...
Caminhei por onde queriam, além do fôlego,
Sem repouso pelo caminho aí do alto.

Então sujeito, rompendo cercas,
Aprendi a bruma pela fala do poeta;
Aprendi com uma lágrima seca
Que se esparge ao teu olhar que me afeta.

E meio louco, com tom de desaforo,
Impertinente, imediato, imperativo,
Algo em ti tornou-me cativo,
Passivo, rompendo cerca, rompendo choro.

E assustado pelo estouro,
Vi meu coração bater.

POR ENQUANTO

Por que tu choras, minha mãe,

Não sabes que minhas sementes

Não se regam com teu pranto?

Sou um jardineiro, cresci flores

E espalhei perfume, mas tu não

Entendes por que me fui por enquanto.

Ouço o teu pulsar a todo o momento.

Lembro-me do teu olhar

E de tua doce fala como um manto.

Minhas mãos semearam...

Cultivei algumas terras arenosas;

Vereis, um dia, os frutos portanto.

Por que tu choras, minha mãe,

Não sabes que agora

É para ti que eu canto?

FUGINDO DOS BALEEIROS

Fujo dos baleeiros.

Borrifando noturnamente

Em águas frias,

Vejo, eu apenas,

Roxo o céu e verdes

Algumas estrelas

Ou aves marinhas.

Fujo dos arpões

E das palavras cortantes

E das paredes outrora caiadas

De branco;

E das estátuas sem lágrimas

De gozo forçoso.

Fujo para uma mesa

De três pernas

Sob uma caneca

E uma dose metafórica.

Fujo para mim mesmo,

Eu-acidente,

Completamente perdido.

SÓ QUERO UM VOO

Vozes espinhosas, vozes doentias;
Vós desarmados, sem machados,
Vós sem vozes, covardias.

Oh, badalos renitentes,
Incessantes, desaforados,
Tornai meus pensamentos reticentes!

Quantas cobras pelo chão!
Quem as matou, esmagou-lhes as cabeças;
Quem as matou, morreu em vão...

Eu só quero partir, assim tão logo;
Eu só quero um voo, um enjoo,
Dessas partidas perdidas que jogo.

Aceito suborno, despacho e simpatia.
Afio vezes sem fim minha faca
Nesta pedra de amolar vazia.

Minhas unhas estão sujas,

Tentei cavar meu próprio assento

Sob os olhares famintos das corujas.

Os meus rastros não os comprei.

Eles me seguirão, eles me prenderão,

Futuro besta, que eu sei.

SOB UM VÉU DE ORGANZA

A morte vem e abate
Estes músculos másculos,
Corrompe e esconde
Este corpo fálido.

Vem com seus dentes cláridos
Sorrindo de forma irônica,
Ingrato cáustico hálito
Desta tosse crônica.

Língua de mulher
Em boca de demônio,
Sob um véu de organza

Acena, arsênico e se lança,
Se quer, num lanço,
Findar qualquer sonho.

À MOÇA DO BOLO FRITO

Não sei se corro ou se fico,
Quando me encontro em frente
À moça do bolo frito.

Ver seu recôndito umbigo,
Apenas insisto
Nesse desejo antigo.

Mas sempre lhe digo:
Esta paixão não é brinquedo...
Apenas eu fito
Seu dedo anular esquerdo.

Não sei se prossigo
Nestes passos em seu sentido,
Pois cada regra que infrinjo
Sou severamente punido.

E quando quase desisto,
Eu paro e reflito

Lembrando do cheiro misto

Daquela que já é um mito.

Num dia qualquer

Eu sei que consigo,

Apenas eu ligo

Por meio dum rito,

Saber o nome se quer

Da moça do bolo frito.

THERESINA

No calor do seu regaço,
Verde e metálico aflora
O ocaso que num abraço
Teima em ir embora.

É teu, Theresina, o hálito
Que exala na Avenida Maranhão
Sobre aqueles cujo hábito
É contemplar-te a ilusão.

Ah, Theresina,
Tu não nos cabes!
Eu tenho fome
E tu me calas.

Eu que rio em tuas festas,
Nós que rimos de tuas farsas;
Rimo às tuas sombras
Que não nos farta.

Ah, Theresina,

Eu tenho sede,

Tu bem sabes;

Procuro-te,

Mas tu me faltas.

Há tantas traças...

Valho-me do ensejo

Do teu bocejo,

Mendigando

Um só sobejo,

E mesmo assim

Tu nada falas.

O ANDARILHO

Sob a noite sem estrelas
Na velha estrada vicinal,
Onde alumia os vaga-lumes
Os cupinzeiros no capinzal.

Sob a noite ritmada
Pelas corujas e cigarras,
Avança um andarilho
Desatando suas amarras.

Leva consigo um embrulho
Em seu passo apressado
E não o incomoda o barulho

Oriundo do enfado.
A estrada à sua frente se abre,
Mas seu destino ninguém bem sabe.

TE SINTO PRA SEMPRE AGORA!

Só teus olhos

Pralumiar

Esta meia noite

Negra da alma.

Pedras e estrelas vazias,

Esguias e opacas

Ofuscam-me indelicadas,

Como supõe,

E assim fosse,

Um fino som

Entre amor e morte.

A bem dizer,

Só meu pensamento te alcança

E a foice que rege esta dança

Decepa as dores de outrora.

Te sinto pra sempre agora,

Te sinto pra sempre agora!

INCÓGNITA

A grande incógnita
Que traz uma manhã futura...
Imprevisível, uma cor insólita
Tinge repentina aventura.

Dourados pendem ao vento teus cabelos
Sobre a nuca alva e pura;
Refletem o céu feito espelhos,
Musa de sublime candura.

Os teus olhares ao sol afloram;
Despertam-me tuas ternuras
E minhas mãos teu colo exploram,
Amor de eternas juras.

ROSÂNGELA

Há tempo exploro
E contemplo, assim, silente
Teu harmônico olhar sonoro.

Recolho-me escuso e quieto
Ao que meu coração sente
Os bálsamos do teu afeto.

Em meu recôndito exílio, espero...
Sublime e terna Flor,
Musa que eu venero.

Acordes de oboés e banjo
Com pinturas de toda cor,
És tu mistura de rosa e anjo.

PASSOS CANSADOS

Meus passos cansados
Encontraram um destino
Ao anoitecer.

Badalos e sinos
Reportam o caminho
Seguido.

Os galgos ladraram
E os silvos uníssonos
Dispersaram-se.

Minhas lembranças
Têm gosto de cítricos
E minhas memórias, de destilados.

Na penumbra, vez que me assombram,
Igual visagem,
Teus longos cabelos molhados.

SÍLABAS

Os pássaros sibilam
Sílabas em tons matinais.
E ainda sonolento
Vislumbro uma cena inebriante,
Como uma rima
Que inspiro, ofegante,
Em minha narina.

OPOSTO

Ante o oposto
Em meio ingerido
Igual ao aposto
Intercalado e inserido
Num veio ressequido
Estrume em agosto.

Indiferente o terno,
O costume, o capote
Meio amargo o semitom
Do acorde.
Há meia hora, à meia luz, a meio mastro
A risoflora
Que chora a contragosto.

CONSIDERAÇÕES SOBRE A METÁFORA

O poeta é um fingidor.

Heterônimo. Alter ego.

Máscara, encenação.

O mundo como representação.

A linguagem como representação.

Alegorias, interpretação,

Simbolismo, códigos, criptografia.

Literatura, signos,

Sígnicos, psiquismo.

Sonhos, ironia, hipocrisia.

Arte, cinismo, poesia.

Parábolas, parabólicas.

Ocultismo, iniciados,

Obscurantismo, primitivismo.

Surrealismo, regressão e ritos.

Tabus, semiótica, semiologia,

Sêmen, semântica.

Hermenêutica, denotação, conotação,

Similaridade, enigmas.

Fingimento.

ASSOMBROS

Escondeste-me sob teu vestido

Para proteger-me

E não atentar tanto ao pudor contido.

Um vestido florido, clareado pelo dia,

Mantém em segredo a sensação que aflora,

Que em contraste tua feição reluzia.

Teus olhos fechados e contraídos

Viam plenamente o que havia entre nós;

Tanto me vigiavam quanto me prendiam.

Buscávamos algo em comum,

Tua respiração trêmula e ofegante

Sincronizava-se com meus impulsos e pulsar.

Como um passo de dança que exige esforço

Teu peso sobre mim ressalta minhas veias

Sentidas por ti deitada de dorso.

Chamas tu de loucuras nossos encontros.

Sem haver palavras, chamo-os de chamas

Flamejantes e de gozo de noturnos assombros.

PRESENTE

Esperava ter
Contido contigo
O tempo presente.

Aguardava
O ósculo, um óbolo;
O rubro-etéreo
De tua língua
Entre os lábios.

De tua língua
De incontáveis e perdidas
Sinonímias e eufemismos,
Idiossincrasias
E metáforas complexas;
Que tange e beira
Beijando o improvável;
E olha para fora do agora e
Enquanto isso espero.

ESPERAVA COLHER OS DIAS

Durante as noites

Esperava colher os dias,

Esperava conter

A paciência risonha

Enquanto teu colo

E teus seios

Me continham.

O QUE DIRÁS DOS TEUS SEGREDOS?

O que guardas

No teu peito

E o que dirás

Dos teus segredos?

Loquazes e eloquentes

São teus medos...

Então os aspira

E emergem em teus pensamentos

Num alto voo sem rumo,

De carona

Numa corrente de ar ascendente.

UM

Um simples lapso,
Um longo bálsamo,
Um fino sólido,
Um voo sórdido.

Um rio fixo,
Uma meia-plástica,
Um riso crítico,
Uma dose cáustica.

A luz afaga-nos,
fiapos sutis,
A sós vagávamos
Em busca de álibis.

Um beijo ácido
Feito hidróxido,
Um crime clássico,
Um tiro próximo.

A ESSÊNCIA SACIARÁ

A essência saciará,
Saltitará pelos campos cobertos,
aguados e soberbos,
típicos de inverno.

Ouço longamente,
Tão longe;
Ouço minha própria voz
Difusa e confusa
Com tantas cobranças.

Com ponto em cruz
Estou cingindo
Entre mim e ti...

Patentes são os nós,
Mas ainda assim
Tornam-se invisíveis
Em meio a tantos burburinhos.

ASCENSÃO

Combates lutas inglórias
Com medos e culpas.

A escuridão que vês
No fundo do próprio abismo
Ainda pode ser mesmo você.

A noite se contrai
Ante o silêncio
Das horas tardes da noite.

Peculiares reflexos
Permeiam por todo interior intimista.

Falas o que nem sabes
Mas sentes sem saber o que falar.

Há quantas horas,
Há quanto tempo de espera...

Assim se vai e se esvai

Em idas e vindas

Num fluxo contínuo

De ascensão.

PEDIDO

Pedi a Ti o meu processo de cura.

Pedi também inspiração

E de graça uma vassoura foi me dada

A fim de ser usada por mim.

O seu manuseio assanhou

A poeira há tempos depositada

Pelo assoalho.

Revirou, revolveu, chafurdou

Inúmeros resquícios incrustados

Nas dependências de minha casa.

Coisas inúteis e imprestáveis

Foram varridas

E a luz do sol assepsiou

O resto de mofo e de bolor,

Originário da umidade

E da pouca claridade presente.

ABSTRAÇÃO

Quando um pássaro canta,
Aquele que a cada dia
Canta mais distante,
É hora de sair
Pelo campo minado!

Aqueles que são incumbidos
De fixarem-se feito
Um obstáculo, um empecilho,
Já estão a postos
Com suas granadas defensivas.

Há um caminho a perseguir,
A percorrer...
A rota foi traçada,
Trafegada de percevejos.

Onde se encontram
Aqueles que estão perdidos
E sem rumo?

Um pensamento se abstrai,
Divaga e é traído.

No cômputo do ganha-se e perde,
No campo das incertezas,
Diga-se, das perdas e danos;
Hoje, papéis invertidos
É como se fosse divertido
Trocá-los.

"E por que as flores se abriram sedutoras senão para fornicar".

- Fonseca Neto

POR ENTRE AS HORAS DO DIA

Quando posso,

Por entre as horas do dia,

O que me torna extenuado

Ao final da jornada,

Minha condição

Me leva ao silêncio

Pousado no caminho;

Caminho que leva

Ao encontro...

Sinto nesse encontro,

Frente a frente,

Fluxo e refluxo,

Cada qual a seu turno...

Que o que expiras

Por Tuas narinas,

Invade-me as coronarianas

Num pulsar sem fim.

DE UM DIA PARA OUTRO

De um dia para outro,
Um a um cômodo desta casa
Te procurei.

Em meio a incontáveis células
Vezes inúmeras estrelas
Te avistei na metade do caminho.

Não houve necessidade de respostas
Para as infindáveis perguntas
Quando imóvel à Tua face parei.

UNÍSSONA UNICIDADE

Encontro-me quase que perdido

A caminho do Leste do Nordeste,

Entre as ondas, nesta rota do mar...

Neste jogo de faz de conta,

Atendes meu pedido

Para que se satisfaça

Minha real necessidade.

Admiravelmente contemplo

Tua uníssona unicidade,

A tempo de entoar para ti

Silenciosos mantras secretos.

Desnudas o que diviso

Ante a aparente realidade

Que me circunda alheio,

Mas que a fé fecunda

Faz-me tatear

A geometria sagrada de teu seio.

INFINITUDE

Permaneço atônito
Enquanto tua voz silenciosa
Ressoa em minha caixa torácica.

Golpes rudes e certeiros
Me afligem,
Enquanto, passo a passo,
Caminho em tua direção.

Quem dera eu soubesse
A que hora do dia,
Ou mesmo da noite,
Que Tu te revelarias.

Não tenho ideia
Da contagem do teu rosário
Ao longo dos séculos
No cosmo.

Teu olhar ecoa

E desvela os véus
De minha cegueira,

Levando-me
A oceanos e enseadas,
Lavando-me de culpas
E incertezas,
Enquanto me achego
À infinitude de tua profundidade.

À CELESTE ABÓBODA ANIL

Naufragado neste plano,
Sujeitado às leis da matéria
Vigentes neste estado insano
De privação e miséria.

Componho-me do que como,
Densas formas ao meu redor,
Que uma a uma eu somo,
Para somente um dia só.

Mas ainda assim,
A ascensão à forma sutil
Visa-se o horizonte por fim;

À celeste abóboda anil,
Regida sob a égide da Luz,
Eis o que desde sempre supus.

OS VÉRTICES CONVERGENTES DO HEXÁGONO

Arrodeio os vértices
Convergentes do hexágono.
Vertigens míopes refletem, afloram,
No decorrer da subida
Ao topo da montanha.

Tuas palavras, silabicamente,
Levam ao entendimento
Através das pedras
Dispostas ao longo do caminho.

Ficar calado perante
O jogo de palavras cruzadas
É para mim, diante de Ti,
Um significante privilégio.

Sento-me exausto
Com traços de fardo e sofreguidão,
Mas me anima
Tua súbita presença

Em estender a mim,
Minha acolhida por Tuas mãos.

TUDO EM UM

Lâminas oblongas delgadas

Ditos sagrados,

Sabedoria oculta.

O que falas?

O que dizes?

Não entendo!

Inscreves-me em sonhos

E o que instruis

Em alta voz

Certamente silenciará

Ao despertar.

De qualquer forma,

Uma semente fecundará,

Galhos, raízes e ramos

Brotarão ao longo

Das estações do ano.

Sob as noites esguias,

Luzes estelares

Lavarão cascas e seivas;

Frutos adocicados

Serão ceifados

Para saciar a sede de gente.

Pérolas de orvalho

Por todo prado

Serão pisadas

Por passos silenciados.

Deitar sob o sol,

Sobre a terra

Agridoce e salobra;

Tudo em Um

E o Um num uno tetragrama.

INQUIETO

Bendito seja o dito-cujo,

Benquisto o autor pela autoria,

O benfeitor pela benfeitoria,

Assim como

O zelador pela zeladoria.

Cingido pela agulha,

Cozido pela fagulha

Ou torturado pela patrulha.

Em meio ao nevoeiro

E a bruma,

O homem inquieto,

Que vira e mexe

O que há de secreto

Em suas entranhas,

Não se coaduna.

QUARENTA ANOS

Passados quarenta anos,
Retorno à Tua terra
De minha origem.

O Pai, que nunca
Se ausentou,
Me fala
Palavras receptivas,
Ao mesmo tempo
Em que coriscos
Riscam estrondosamente
O céu
De ponta a ponta
De forma festiva.

DIA DE RENASCER

Hoje é dia de acolhida,

Hoje é dia de renascer...

Eu me envolvo

No fluxo da ida,

E o som da vida

Se faz florescer.

"Como se nós fôssemos dois episódios de Deus,
no tempo e no espaço.
Ele lutando contra as mesmas forças que eu.
Ele como cravo, eu como ser humano".
- Lúcia Helena Galvão

Sobre o autor

Giordano Salustiano Batista nasceu em Teresina, Piauí, BR, em 1979. Como servidor público, residiu e trabalhou em alguns estados do País. Interessado pela Poesia desde a juventude, participou de eventos, atividades e concursos literários, sendo, inclusive, agraciado com algumas premiações e convites. Vem buscando, a seu ritmo, mergulhar, explorar e deleitar-se nesse mundo infindável que é a Poesia. Pode ser encontrado atualmente em feiras livres e mercados públicos de São Luís, MA.